AF260071

1742 188.

UN ADMINISTRATEUR

DU

DÉPARTEMENT

DE LA

MARNE,

AUX HONNÊTES GENS

DE CE DÉPARTEMENT.

Quoi ! sur ces vastes mers , fertiles en nauffrages ,
Vous nous laissez lutter seuls contre les orages !

A CHAALONS, DE L'IMPRIMERIE DE MERCIER.

UN ADMINISTRATEUR

DU

DÉPARTEMENT

DE LA

MARNE,

AUX HONNÊTES GENS

DE CE DÉPARTEMENT.

Quoi! sur ces vastes mers, fertiles en nauffrages,
Vous nous laissez lutter seuls contre les orages !

Qu'est donc devenu ce grand courage, cette énergie dont vous vous targuez si inutilement dans l'intérieur de vos ménages et quelquefois en public quand les orages politiques sont appaisés !

Sans doute vous permettrez à un administrateur honnête homme, qui connaît l'étendue

A 2

des devoirs que cette qualité impose , de conférer avec vous sur vos véritables intérêts ; et quand vous ne lui permettriez pas de traiter votre insouciance funeste des noms qu'elle mérite , il aurait le courage de vous dire encore quelques-unes des vérités qui bouillonnent dans son cœur, et qu'il n'a jamais su retenir , quand leur promulgation lui paraît nécessaire.

Vous refusez les emplois publics, citoyens ! et dans une déroute universelle, vous vous présentez désunis à tous les coups des tonnerres lointains qui grondent de toutes parts; et vous vous appelez honnêtes gens ! Voulez-vous donc que cette épithète honorable, transformée encore une fois en injure , à la honte des mœurs et du langage , soit le synonime de lâches , de contrerévolutionnaires et d'ennemis du bonheur public ?

Et vous enlevez à leur famile, à leur repos des citoyens dignes d'un meilleur sort que celui que leur prépare votre désertion; vous leur dites, en les honorant de votre choix: » comptez » sur notre zèle ; comptez sur notre amour » pour la chose publique: si quelques dangers » menaçaient la Patrie, appelez-nous, et nous » ferons aux lois et à ses organes un inexpug- » nable rempart de nos volontés, de nos » conceptions et de nos bras ».

Sur cette parole, au milieu d'une désorganisation absolue, accablés d'un discrédit
immense, luttant contre le vœu de leurs
familles et leur propre volonté, des administrateurs probes montent avec courage au
rang où vous les élevez. Une loi les prive
d'un collègue ; ils restent quatre sur la
brèche : et lorsque le salut de Rome n'est
pourtant pas désespéré, vous les laissez seuls
avec leur conscience et leurs efforts inutiles ;
seuls avec la malveillance, la crainte; seuls au
milieu du déroulement de tous les fils d'une
administration éparse ; seuls enfin avec
les plaintes, les murmures, les besoins et
les douleurs. ! ! !

Et vous que l'on a appelé honnêtes gens !
vous étiez les seuls, disiez-vous, il y a deux
ans, qu'il fallût appeler aux emplois ! Ex-
pliquez-vous: qu'aurez-vous à répondre quand
vous n'aurez pas retardé l'éboulement de l'é-
difice qui vient de s'élever ; quand vous
n'aurez rien fait pour l'empêcher ? Que vous
demande le peuple qui vous nomme, la
patrie qni vous réclame ? ils ne vous disent
pas que le salut de Rome exige que, nou-
veaux *Curtius*, vous vous précipitiez, aux
cris d'une sybille, dans le gouffre qui s'est
entrouvert ; que, comme le jurisconsulte
Coccéïus Nerva, homme opulent, favori de

Tibère, vous vous laissiez mourir d'inanition, vivement affectés des maux de la patrie ; ou bien, à l'exemple des vierges *Milésiennes* , que vous vous pendiez à l'envi les uns des autres : ils vous demandent seulement d'avoir pitié de vous-mêmes.

Vous avez été victimes d'un régime sanguinaire qui, avec la promptitude des vents du nord, a effacé du sol des vivans les talens, les vertus et l'honneur : ne croirait-on pas pourtant que ce régime ne vous fût nécessaire ?

Lorsqu'un glaive, suspendu sur toutes les têtes, se promenait d'une extrêmité de la France à l'autre, vous formiez des vœux ardens pour que la Providence étendît son bras et en arrêtât les progrès homicides. Alors les administrations, les agens de la tyrannie, multipliés à tous les coins des places publiques, des maisons particulières, portaient l'effroi dans toutes les familles ; il n'en est pas un de vous qui ne regardiez ce régime comme un féroce enfant de la nullité, du désespoir, et qui ne soupiriez après une organisation nouvelle. Chacun de vous se fut peut-être présenté alors pour occuper les emplois publics.

La Convention nationale, sans vous et seule avec son courage, a renversé la tyrannie au 9 thermidor : votre existence a été sauvée ; on vous a arraché des serres du vautour. . . . Mais quel est le gage certain de la durée d'une pareille victoire ? Ce gage est dans vos mains , et vous le laissez fuir ! Ne sentez-vous pas , ne connaissez-vous pas quels sont ceux qui vous le dérobent ce gage de la vie , de la tranquillité des citoyens ? Ne voyez-vous pas avec quelle complaisance les agens de la tyrannie contemplent votre pro-chaine défaite ; combien leur persistance , leur audacefont la critique de votre nullité , et de vos aimables riens , et de vos fades jouissances , et de vos prétendus bons mcts ?

Non , et vous me forcez de vous le dire , le gouvernement révolutionnaire n'était pas un enfant de la nullité , il l'était de la nécessité; et avec des hommcs tels que vous , il faut un régime de fer.

Allez donclâchement et respectueusement courber vos fronts avilis sous les premiers despotes qui , sans talens , sans vertus , mais avec le caractère de la férocité, voudront vous imposer des lois. Allez , et plusieurs d'entre vous l'ont fait plus d'une fois , inviter à vos noces , à vos banquets , les agens d'un gouvernement dévorant , qui envahiront les débris de vos propriétés, de vos réputations et de vos ans. Associez à vos plaisirs, pusillanimes citadins , les organes d'un comité révolutionnaire. Caressez de l'œil du sourire et de la bourse les sales expressions et l'infâme conduite de ces despotes de nouvelle trempe. Croyez-vous dérober vos têtes poudrées dans les replis de vos manteaux de pourpre ? Croyez-vous en être quittes pour une épigramme contre tout ce qui a été et contre tout ce qui sera ? Croyez-vous ravir au bouleversement général ce que vous avez échappé des orages passés ? Sur qui va tomber votre défection absolue ? sur vous, sur vos enfans. (*)

Oh ! je le sais bien, ce que vous allez répondre à mon *facit indignatio versum :* « *Nous ne nous mêlons pas de ça !* que ceux « qui ont un noble courage se dévouent ! Ils « veulent des honneurs, ceux qui sont en « place ; qu'ils en aient : pour nous, nous « voulons notre tranquillité, notre repos.

(*) Croirait-on que sous la tyrannie sanglante des decemvirs, le bourreau fut le citoyen le plus considéré de la commune de Brest ? Il réunissait en lui la double qualité d'oracle du tribunal et de président de la société populaire : » C'etait, *lit on* » *dans le journal de Paris du* 19 *pluviôse an 3* , à qui se plongerait » le plus avant dans l'ignominie pour mériter sa faveur. Toutes » ses paroles etaient recueillies et citées comme des adages ; il ne » faisait rien qui ne parût un exemple ; on le fatiguait d'adula-» tions ; on se disputait le bonheur de l'avoir pour gendre. Rien » de plus ordinaire que de voir dans les rues des officiers de tous » grades l'aborder d'un air caressant, et presser ses mains san-» glantes de leurs mains victorieuses ». (*Art. Variétés,*)

« Et puis, comment diable sortir du dédale
« inextricable où nous sommes perdus; que
« voulez-vous que nous répondions au peuple
« qui demande des subsistances; au gouver-
« nement qui a besoin de tous les efforts, de
« toutes les ressources; aux cultivateurs
« cupides qui calculent froidement les pro-
« duits d'une désorganisation complette du
« systême social; au discrédit épouvantable
« du papier-monnaie; aux efforts de *Caïus
« Graccus Babœuf*, qui propose la constitu-
« tion de 1793 !!!.... et puis la taxe de
« guerre; c'est incroyable ça ! »

Au milieu des tonnerres et des orages, sur
un vaisseau prêt à être submergé, un passager restait les bras croisés : les matelots,
décuplant leurs efforts inutiles, s'adressèrent
au passager, et lui demandèrent pourquoi il
ne mettait point la main à la manœuvre;
l'imbécille répondit qu'il n'était pas des tra-
vailleurs, qu'il était passager.

Messieurs les passagers, vous n'avez pas
besoin de l'application; mais vous ressentirez
les sinistres effets de votre inaction : et les
subsistances seront-elles plus abondantes sur
les marchés, si vous n'activez pas le ser-
vice public; le cultivateur moins cupide,
l'égoïsme moins prononcé, la désorganisation
moins sûre, l'ordre social moins interverti,

le discrédit de l'assignat moins décuplant ,
et messieurs les buveurs de sang moins altérés
d'un gouvernement révolutionnaire ?

Mais , ne comptez-vous donc pour rien le
bonheur d'avoir bien fait ? Ce sentiment intérieur , cette délicieuse étreinte de la bonne
conscience dont l'honnête homme doit éprou-
ver le tendre besoin.

Qu'elle est belle la journée , même celle
malheureuse , quand elle a été semée de
quelque bonne action , ou du moins de la
forte volonté d'avoir voulu le bien! Et où
est-il ce bien , s'il n'est pas à empêcher les
progrès du mal ?

Quittez donc le costume de votre sexe ,
hommes faibles et pusillanimes ; envoyez au
Sénat vos femmes et vos filles. . . . . Oh !
ces tendres compagnes de nos douleurs et
de nos maux , vous donneraient l'exemple
de la persévérance et du courage , si les lois
les avaient associées aux occupations réser-
vées pour les hommes !

Vous avez tous , avec quelque idée de
gouvernement, senti que la centralisation des
pouvoirs était le premier besoin des peuples ;
et déblayant ce besoin du fatras des crimes
et des passions, et des rapaces efforts des
factieux , vous avez tous vu que la seule
manière d'assurer la durée d'une législation

c'est de simplifier les élémens et les rouages de la machine politique. Vous disiez : Quand tout est administrateur, personne n'est administré. Un corps législatif ne peut pas rassembler tous les pouvoirs ; il faut un contrepoids à ses délibérations : il faut sur-tout une puissance exécutive qui assure le succès des délibérations mûries ; il ne faut pas cette alternation, cette instabilité perpétuelle de décisions de loix, cet amas effrayant de statuts nés du trouble et de la confusion des pouvoirs. Vous vouliez enfin que, distingués et prescrits, les devoirs du citoyen marchassent à côté des droits de l'homme.

Une constitution, (*) fruit de l'expérience et du malheur, accomodée au tempéramment français, vous offre à l'instant ces avantages,

----

(*) Si cette constitution comme les loix qui furent dictées à Moïse sur le buisson ardent du mont Sinai est sortie du sein des éclairs, comme celle de Sparte, elle n'est pas coulée dans un moule d'airain. Peut-être faudrait-il pour lui donner certaine classe de sectateurs que, fruit de l'imposture, elle eût à sa naissance quelque chose de surnaturel.

Je sais bien que chez les scandinaves et chez les arimaspes, Odin et Zalranstres avaient été inspirés par un genie; qu'Osiris avait été l'interprete du ciel, et Solon celui de l'oracle ; que Lycurgue avait consulté Appollon à Delphes; que le législateur des gettes / Zalnolkis avait reçu ses loix de Vesta ; Zaleucus de Minerve; Numa de la nimphe Egérie, Mahomet de l'ange Gabriel et le législateur français la reçue de l'expérience, du malheur et du torrent des siecles.

elle environne vos législateurs, vos magistrats suprêmes de la considération publique : on diminue le nombre des agens d'un gouvernement qui a à lutter contre toutes les passions, tous les malheurs ; on rend au peuple les droits que la fureur révolutionnaire lui avait enlevés ; il nomme lui-même ses agens, ses magistrats, ses législateurs : ce ne sont plus des Proconsuls ivres ou trompés, qui choisissent dans la fange les hommes qui doivent essayer le cours nouveau du bonheur public ; enfin on vous donne une constitution dont la génération présente avait soif, et que la génération future associera mieux encore, peut-être, à ses besoins, à son tempéramment, à ses goûts ; et vous allez la confier à des mains ou impies, ou inhabiles, ou plutôt vous la laisserez sans appui et sans soutien !

Il y a deux ans, vous imploriez à genoux la constitution de 1793, vous la préfériez, et elle était préférable au gouvernement révolutionnaire ; son anarchie vous paraîssait être l'ordre, en raison du despotisme cruel qui pesait sur vous ; la constitution de 1793, eût été le palladium de vos libertés, et cependant avec elle, vous aviez l'insurrection partielle transformée en devoir ; l'esprit de révolte constamment évangélizé, et des sociétés populaires ayant l'initiative du gouvernement.

(13)

Vous ne voulez pas déchirer le voile trans-
parent qui couvre l'avenir. Je le déchire
pour vous ; regardez : Le gouvernement
actuel veut fortement le maintien de la
République française ; il s'épuise en moyens
pour le consolider ; la honte et le désespoir
sont là , s'il ne parvient pas à finir son ou-
vrage ; il connaît les réactions, les préten-
tions, les haines, et il s'ensevelira plutôt
sous les débris, que de rien changer à son
système. Les armées sont là aussi , et quoique vous en disiez, elles se battront, parce-
que pour ceux qui les conduisent comme
pour elles, la gloire, l'honneur, la propre
sûreté des individus, leur font entendre
leurs cris victorieux ; conséquemment, point
de royauté sans une secousse immense ,
terrible, et sans une réaction épouvantable.
Je ne vous ferai pas l'injure de croire que
votre insouciance soit le témoignage de votre
goût pour le gouvernement d'un seul en dé-
pit de tout ce qui est fait pour l'empêcher ;
mais je prouverai ailleurs s'il en est besoin,
que les plus violens ennemis de leur pays et
de la tranquillité publique, seraient ceux
qui ne feraient pas marcher la nouvelle constitution qu'ils ont acceptée.

Avec cette opinion très-fortement pronon-
cée de la part du gouvernement, vous de-

vez vous attendre que malgré vos moyens d'abandon , qui sont des moyens contre-révolutionnaires , le gouvernement ne se laissera pas dominer ; il a des conceptions autrement vastes , autrement hardies , autrement courageuses que les vôtres ; il appellera à son secours les citoyens énergiques ; il laissera à la passion de la liberté , toute son exaspération , et même ses dommages ; il fera plus , il pourra obtenir du corps législatif une mesure repressive contre la nullité , contre les refus.

Ceci vous paraît extraordinaire , et cela est dans l'ordre. Qu'auriez-vous à dire, vous qui avez accepté une constitution dans laquelle les devoirs du citoyen sont inscrits à côté des droits de l'homme Si le Juge suprême, puisque celui de votre conscience ne vous l'a pas dit , vous criait : Lâches français , je vous ai appelés à déffendre vos droits , vos propriétés ; je vous ai invéstis d'une magistrature sacrée , et qui serait devenue honnorable : vous n'en avez pas voulu; eh bien! je lance contre vous un décret : Je vous prive de tous les devoirs que vous attendez de la société ; vous ne serez ni protégés ni deffendus; vous ne pourrez actionner personne devant les tribunaux ; quiconque aura contracté vis-à-vis de vous

une obligation, ne sera pas forcé de l'acquitter ; vos métairies seront incendiées ; les
vents en balaieront les débris fumans ; nul
ne viendra à votre secours, lorsqu'il sera
constaté que la société ne vous doit rien ,
par le refus que vous avez fait de justifier
son choix.

Que diriez-vous , si cette loi terrible , mais
juste , mais sollicitée par votre incurie , et
peut-être par ma propre indignation , était
rendue ? La postérité voyant les malheurs
qui l'ont fait naître, la rangerait dans la
classe de ces conceptions audacieuses dont
il faut que les siècles soient avares , mais
qui sont peut-être utiles aux générations.

J'ai parlé ici d'un gouvernement encore
debout au milieu des flots amoncelés et mo-
biles des défections générales ; mais si ce
gouvernement, voulant ses lois et le régime
républicain, n'était pas le maître, et se trou-
vait entraîné lui-même dans la fonte générale,
au nom de Dieu, messieurs les honnêtes gens,
que deviendriez-vous ? Un autre gouvernement doit lui succéder , c'est la marche ordinaire des choses. Ce ne sera probablement
pas le gouvernement royal ; car , quoiqu'en
disent plusieurs de vos philosopolitiques
modernes , celui-là n'est pas si facile à éta-
blir qu'ils le pensent bien ; au surplus, bien

leur en prendrait je crois, qu'il ne s'établît pas ; car, quelques soient les manifestes, les proclamations et les espérances, croyez bien qu'il paraîtrait fort singulier à ceux qui viendraient reprendre la couronne de france, qu'ils voulussent passer pour des hommes précieux, nécessaires au nouveau monarque, eux qui ont laissé Louis XVI monter à l'échafaud, eux qui ont vu Coblentz se garnir de leurs parens sans y paraître, eux enfin, qui se sont contentés de *critiquer* sans *faire* rien de marquant, rien d'utile ; ils seraient coupables par celà seul, qu'ils ont lu les gazettes, qu'ils ont été commissaires de leurs sections et qu'ils ont habité le sol français. (*)

Ce n'est donc pas du gouvernement royal dont je veux vous faire peur, et dont je pourrai vous parler dans une autre circonstance, aux risques d'entendre dire par vous : c'est incroyable ; mais bien d'un gouvernement que votre défection amène, si celui-ci était entraîné.

Ne le devinez-vous pas ce gouvernement, à la peine que j'éprouve à entrer en matière ?

(*) Et puis, messieurs les royalistes nous diront-ils sur quel frent ils posent un diadême ; c'est peut-être sur celui de Monsieur ; mais le comte d'Artois est bien mûri par l'expérience ; cependant Condé à de grands droits et des partisans nombreux ; à côté de celà, on pourrait bien essayer du duc d'York, si dans un coin, il n'y avait pas un fils de Philippe ; et ce roi de Pologne donc qui n'a rien à faire ? ma foi ; j'aimerais autant l'abbé Maury : d'une pourpre à l'autre il n'y a qu'un pas.

Un long cri de douleur se fait entendre : *plutôt la mort* se répète dans le sanctuaire des lois ; les mesures douces se taisent ; la statue de la justice est voilée ; un dictateur est nommé dans la nuit. Des agens se répandent , vos conseils sont fermés, un gouvernement militaire s'élève , il est dans la main de la vengeance , appellé alors liberté. La haine et la fureur sont ses aides de camp ; vos ennemis, les Anglais , échauffent cette horrible conception ; la démagogie souffle ses flammes ardentes et trompeuses ; vos députés sont appellés fédéralistes , ils sont jetés dans les fers ; les modérés redeviennent des criminels ; les comités révolutionnaires grouillent sur tous les points de la République ; ils sont peuplés d'hommes plus terribles encore que les premiers , parce qu'ils ont été persécutés , et que c'était le gouvernement qui les avaient rendus persécuteurs ; quoique vous en disiez , les échaffauds se rétablissent dans les places publiques , et votre sang inonde nos portiques et nos rues ! . . . . .

Ne croyez pas que le tableau soit chargé : il se compose dans le moment où je vous parle , et son esquisse rembrunie est peut-être sur le chevalet.

Présidens d'administrations municipales , agens municipaux, adjoints , vous tous fonc-

tionnaires publics nouvellemens élus , c'est à
vous à qui particulièrement je m'adresse ! (*)
Prenez , je vous en conjure, l'honorable
tâche qui vous est confiée. Et vous , commissaires du pouvoir exécutif, sur lesquels
nous avons d'autant plus compté que vous
étiez dans nos conceptions, plus particulièrement destinés à activer le régime administratif ; prêtez vos secours , vos lumières ,
à des concitoyens à qui vous devez compte,
non pas de ce qui est , puisque tout est à
faire , mais de ce qui sera , mais de ce que
vous pourrez faire pour le bonheur public.

Ce n'est pas en vous déchargeant de toute
la responsabilité que la loi vous impose , sur
l'administration départementale , que vous
serez quittes vis-à-vis de vos concitoyens et
de vos consciences; c'est en créants'il le faut,
les élémens du régime administratif ; ce n'est
pas en vous renfermant seulement dans le
cercle étroit de l'exécution stricte de la loi ,
que vous aurez justifié mes espérances , mais
c'est en simplifiant les moyens de bonheur
public.

Depuis la place de tambour jusqu'à celle
de membre du Directoire exécutif de France,
tout honnore l'homme de bien qui aime son

(*) Des instructions sommaires et rapides vont répondre
aux questions nombreuses qui nous ont été faites.

pays. Il ne faut pas disputer ici de prééminence, il faut disputer de bien faire. Quand tous les élémens sont en fusion, c'est le résultat général qui décide et assure les espérances : qu'importe après tout qu'on ait beaucoup souffert, quand le succès est au terme des douleurs.

Ah ! qu'il serait utile de se persuader que dans tout pays en révolution, chaque citoyen est magistrat; que c'est la somme de ses lumières et souvent de son courage, qui décide la place qu'il doit occuper; et que quelque place qu'il occupe, là où il fait bien, là il est bien placé pour le bonheur public.

Taisez-vous donc aussi, vous qui avez accepté, et qui présentez une série épouvantable de questions oiseuses, incidentes, inutiles, et qui, dès en entrant en fonctions nouvelles, voudriez que tout fût tracé. Placez-vous ; rasérénez-vous ; regardez autour de vous ; interrogez le tems et les espaces ; considérez que vous avez une grande famille à conduire ; prenez la peine de lire votre constitution ; interrogez les doctes leçons de l'expérience ; environnez les, non du fatras des lois de circonsances; mais de celles qui assurent le bonheur social, et ne prescrivez à des hommes que ce que des hommes peuvent faire : une tâche impossible reste toujours à remplir.

Quand il faut exécuter des lois, ne vous roidissez pas les premiers contre les difficutés; mais roidissez-vous contre la routine, les préjugés, et l'intérêt personnel mal senti, mal entendu.

Un grand malheur, je le connais aussi bien que vous, moi qu'on a appellé ne sai trop pourquoi, à remplir des fonctions importantes dans un district de la République, c'est la suppression de ces administrations intermédiares, dont on n'a pas assez calculé l'utilité, la nécessité indispensable.

L'ancien gouvernement dont, quoiqu'en disent certains ignorans, toutes les institutions n'étaient pas vicieuses, l'ancien gouvernement avait établi des autorités administratives dans certains chefs-lieux; intermédiaires entre les administrés, la grande administration et l'administration suprême, il n'était pas nécessaire de faire vingt, trente lieues pour des mesures de détails; ce n'était nécessaire que dans des circonstances majeures. En révolution, les administrations de districts ont succédé à ces corps intermédiaires; ils ont été de la plus grande utilité: les dépenses que cet établissement a entraîné ont été considérables, je le sais; mais à quels détails ils ont été soumis; de quelle utilité ils ont été pour les corps administratifs subalternes ; et pour les administrations supérieures ! combien je crains qu'en voulant centraliser les pouvoirs, en voulant économiser , on n'ait donné dans l'excès contraire ! Cinq administrateurs salariés , et quinze ou vingt commis , occasionnaient, il est vrai , une grande dépense ; mais enfin, dans le département de la Marne , il y avait six districts composés d'hommes éclairés, d'hommes estimables , envers qui, il serait doux à l'administration départementale , de s'acquitter des devoirs de la reconnaissance , s'il était permis de louer ses camarades ; et aujourd'hui , soixante-treize districts s'établissent, fussent-ils réduits à moitié : voilà donc trente-six correspondances administratives; et vous voudriez nous abandonner sous ce fardeau immense , et nous laisser sur le cratère du volcan , sans autre guide que notre conscience , sans autre appui que notre bonne foi, sans autre ressource que la certitude où nous sommes , que l'oubli et l'inconsidération seront notre récompense!

Je me plais à croire que le gouvernement, mieux instruit de ce qui convient à une grande population , cherchera à suppléer au silence de la loi, et aux besoins des administrés, en plaçant çà et là , non pas des corps nombreux intermédiaires ; mais une délégation ; soit du pouvoir exécutif, soit de l'administration départementale.

Si celà était, les commissaires du directoire exécutif, les agens municipaux et l'administration départementale trouveraient , les uns des réponses plus promptes , l'autre des décisions plus mûries , et les administrés des secours plus à leur portée.

Le bien ne vient que lentement, goutte à goutte , a dit quelqu'un : provoquons le ; mais ne l'empêchons pas ; ayons du moins le courage de l'espérance.

J'ai dit, j'ai écrit d'abondance ; les formes séduisent, mais quand le bonheur public commande, on prend la plume, on écrit, on ne soumet pas sa pensée au compas, elle mousse, celà suffit ; et on se réconcilie avec les honnêtes gens eux-mêmes, s'ils se persuadent avec moi que les destinées françaises sont dans les mains de chaque individu qui composent la grande famille ; et avec Rousseau : *qu'un état est perdu, quand un seul citoyen peut dire de la chose publique : qu'est-ce que cela me fait ?*

J. CHAR[...]